LA SITUATION

LES CAUSES ET LES MOYENS

SUFFRAGE UNIVERSEL — INSTRUCTION

ETUDES POLITIQUES

PAR

UN PATRIOTE INDÉPENDANT

PRIX : 50 cent.

PARIS

IMPRIMERIE SCHILLER, FAUBOURG MONTMARTRE, 10

1872

ADRESSE
AU CENTRE GAUCHE

LA SITUATION

LES CAUSES ET LES MOYENS

SUFFRAGE UNIVERSEL — INSTRUCTION

ETUDES POLITIQUES

PAR

UN PATRIOTE INDÉPENDANT

PARIS

IMPRIMERIE SCHILLER, FAUBOURG MONTMARTRE, 10

1872

AU CENTRE GAUCHE DE L'ASSEMBLÉE NATIONALE

———

Monsieur le Président, Messieurs,

Un inconnu prend la liberté de vous faire hommage de ce bien modeste travail, non dans la pensée de vous indiquer la voie à suivre, mais simplement pour faire retourner à leur point de départ les idées que vous vous efforcez de développer et de faire prévaloir.

Depuis bientôt un siècle, notre pays est à la recherche d'une forme de gouvernement, basé sur un ordre moral procédant de la raison et formant une assise sérieuse et durable à l'ordre matériel. La République vous a semblé, comme elle nous apparaît, la forme qui peut le mieux réaliser cette grande pensée, à laquelle elle doit la popularité qui s'attache à son nom encore plus, —malgré ce qu'en disent ses détracteurs, — qu'aux passions qui ont aidé à son triomphe.

Le pays semble enfin s'apercevoir qu'il n'a rien de bon à attendre des coups d'Etat ni des moyens révolutionnaires, et il désire, cela nous paraît tout à fait incontestable, avant tout établir un gouvernement légal et définitif.

La popularité qui s'attache au gouvernement actuel, tout provisoire qu'il soit, le dit assez ; car s'il a acquis la légitime influence dont il jouit par des services exceptionnels rendus à la Société et au pays, il ne la conserve certainement que parce qu'il s'applique, en toutes circonstances, à ne pas sortir de la légalité.

Mais il règne, au fond des esprits, une sourde inquiétude, parce que l'avenir reste ouvert à l'imprévu.

L'imprévu n'est plus pour nous, Dieu merci, une fatalité stupide ; il est simplement le contingent des lois providentielles plus ou moins considérable qui échappe à la raison, à la science, à la sagacité humaine, que nous pouvons réduire, du moins, si nous ne pouvons pas l'annihiler. Dans l'ordre politique, le provisoire, lui laisse la porte toute grande ouverte. C'est cette porte qu'il s'agit de fermer. Le choix de la forme d'un gouvernement la fera simplement pousser ou fermer, et concurremment, les institutions, suivant leur valeur, en clôtureront plus ou moins solidement l'entrée.

La République, nous le disons avec la plus profonde conviction, peut seule fermer la porte à l'imprévu et à l'anarchie ; toute autre forme de gouvernement ne pourrait que la pousser sans la fermer.

Il vous appartient, messieurs, en persévérant dans la voie politique où vous êtes, de prendre l'initiative d'une demande de proclamation de la République, de cette République gouvernementale plus que militante, qui clora l'ère révolutionnaire et qui, par les institutions dont vous la doterez, affermira les idées conservatrices qui, seules, la peuvent faire vivre; de cette République progressivement exempte de préjugés, et qui tendra franchement la main à tous les peuples, à tous les gouvernements, quelle qu'en soit la forme, qui repoussent cette monstrueuse doctrine : « *La force prime le droit.* »

Nous n'entendons pas dire que la proclamation de la République détruira à tout jamais toutes agitations, toutes révoltes de la force contre le droit; mais ces agitations, ces révoltes seront plus rares que par le passé, et, dans tous les cas, seront plus facilement contenues. parce qu'elles se heurteront contre le Droit soutenu par la force légale.

La proclamation de la République fera tomber tous les prétextes d'agitation, d'où qu'ils viennent, et les partis, s'ils ne désarment pas complétement, seront plus facilement contenus, car la République, comme on l'a souvent dit avec vérité, est le régime qui les divise le moins, parce qu'elle ouvre indistinctement et concurremment la voie à tous pour servir le pays. Avec la République, il est facile d'entrevoir le moment où il ne restera, des partis extrêmes, que des éléments sans consistance, sans influence et sans autre valeur que celle d'indiquer que, dans notre pays, la liberté dans ses écarts n'est que l'exception.

A vous, messieurs, à votre patriotique initiative de contribuer puissamment à faire de notre bien-aimée Patrie une forteresse inexpugnable aussi bien par la valeur de la Constitution que la Nation attend de vous que par l'organisation de ses forces, dont vous l'avez déjà pourvue.

A vous, messieurs, par les Institutions, de faire de notre démocratie un type qui unisse l'honneur, qui est la vertu des peuples, à l'urbanité, qui est le fond de notre caractère national.

Vous réaliserez ainsi l'espoir des vrais patriotes et vous rallierez ceux qui, attachés aux traditions du passé, retrouveront dans l'Etat nouveau ce qu'elles avaient de bon, uni à ce qui leur faisait défaut, LA LIBERTÉ.

La République, que vous fonderez par l'alliance de la raison, du Droit, du Devoir et du Nombre, restera au moins comme l'objectif de nos infortunés compatriotes que le sort cruel nous a forcé d'abandonner.

Ah ! si la pensée de tant d'infortunes, de patriotisme dont ils nous donnent des exemples si admirables, alors qu'ils abandonnent le foyer si cher de la famille, les lieux si attachants de la naissance pour se ranger du côté des vaincus, répétant, avec une noble fierté, en face du vainqueur, le vieux cri de légitime orgueil de notre race :

« Je suis citoyen français ! »

Si la pensée de ceux qui restent captifs près de leurs foyers, entourés, surveillés par un implacable ennemi ; si, disons-nous, cette poignante pensée n'est pas faite pour faire taire les stériles dissensions de partis, dissentiments qui sont encore plus pour la généralité dans la forme que dans le fond, ce serait à désespérer de notre malheureux pays.

Il faut donc, pour notre honneur, pour notre sécurité, encore plus que pour la gloire, marcher en avant, car la liberté unie à l'autorité légitime, est le seul moyen de régénération des vieux peuples.

Osez donc, messieurs, le pays vous suivra, car il est avec vous.

Si l'Assemblée nationale méconnaissait les nécessités, les raisons tirées du droit comme des sentiments patriotiques ; si elle repoussait ou ajournait la proclamation de la République, il ne lui resterait que le strict devoir d'en appeler au pays et de se dissoudre.

Quel moment plus propice pourrait-elle choisir pour sa dissolution que celui où nous avons un gouvernement justement populaire, qui peut, par conséquent, facilement assurer l'ordre et la sincérité des élections ?

Tel est le problème, messieurs, qui s'impose, au premier rang, à vos méditations.

(N. L.)

CHAPITRE PREMIER

LES CAUSES

I

Pour bien comprendre et apprécier la situation de notre malheureuse Patrie, il faut être complétement, croyons-nous, dégagé de toute préoccupation de parti et n'avoir d'autre but que la vérité et le bien du pays : c'est sous l'inspiration de ce sentiment, nous osons le dire, que nous écrivons.

Avant d'indiquer quels pourraient être les remèdes divers à nos maux, il faut commencer par en sonder la profondeur, et ensuite, en rechercher les causes générales et particulières.

L'état dans lequel la société française se débat peut se traduire en deux mots, dont l'un est la conséquence de l'autre : « *Confusion*, *Anarchie.* »

L'une des causes supérieures de cette situation tient aux regrettables traditions que notre grande Révolution, — juste et légitime à son point de départ, — a laissées dans un trop grand nombre d'esprits, comme aussi aux préjugés du passé qu'elle n'a pu encore déraciner.

Constatons, tout d'abord, que la Révolution, par rapport au passé, a eu moins le caractère d'une *affirmation* du progrès que de *négation* d'abus qu'elle a heureusement détruits, et que les hommes qui en furent les ardents acteurs, mirent moins en pratique leurs propres idées que celles des philosophes qui, avant eux, l'avaient préparée par leurs écrits.

Constatons, encore, que le génie particulier de ces philosophes était basé sur la *négation* plus que sur l'*affirmation* : c'est là le mal dont souffre leur œuvre. Puissants pour détruire, ils ont été impuissants pour fixer les bases durables de la réédification. On peut assurer que c'est ce vice, dans son origine, qui a frappé d'une stérilité, qui dure encore, la plupart des actes de la Révolution.

Ces philosophes ont sapé, de manière à ce qu'ils ne pussent jamais s'en relever, les abus et les préjugés du passé ; mais ils ont donné naissance, malheureusement, à d'autres abus, à d'autres préjugés, par des doctrines mal définies, confuses, sans base fixe, certaine et rationnelle.

Il est résulté de leurs idées un amalgame de tous les principes, une confusion entre eux qui se remarque dans toutes nos institutions ; ce qui ressortira clairement, nous l'espérons, de l'étude sommaire à laquelle nous nous livrons.

II

Les théories de J.-J. Rousseau acceptées par la Révolution comme *dogme social*, sont basées sur un sophisme qui a produit simplement une déplacement de *l'Autorité absolue*. LE

Pouvoir absolu *d'un seul est remplacé par l'*Etat social, *centre de tout Droit, de tout Pouvoir conséquemment.*

De cette fausse doctrine est née cette chimère de recherche et de réalisation de l'unité, de *l'absolu* qui bien que devant, il est vrai, servir d'objectif en vue de réaliser, au moins d'une manière relative, l'*harmonie*, ne saurait pourtant jamais, et en aucun cas, passer dans l'état pratique.

En effet, l'idée d'*unité*, dans la pratique, mène droit aux doctrines absolues ; c'est pourquoi nous voyons deux partis politiques, si contraires dans leur point de départ et dans leurs tendances, user des mêmes moyens au fond ; car *la tyrannie* du nombre équivaut, si elle n'est pire, *au despotisme* d'un seul.

Avec Rousseau et avec ses disciples, ce n'est plus *une unité traditionnelle* qui est la base du droit, c'est *une unité conventionnelle* que l'on appelle *la Nation, l'Etat.*

L'un ne saurait être plus vrai que l'autre : *la Nation* est, en réalité, un *Etat de convention*, respectable au plus haut degré assurément, mais elle ne saurait être le dépositaire *du Droit*, dont elle doit être seulement la gardienne.

Le Droit n'appartient qu'à *l'individu* et le pouvoir et les sociétés ne sont que les organes de la force et cette force ne leur confère pas *un droit*, mais simplement *des devoirs* et *des obligations* de faire respecter le *Droit individuel* dans son principe comme dans ses conséquences pratiques.

C'est cette confusion des *éléments de force* avec les principes *de droit* qui a causé et cause encore journellement les plus déplorables effets.

Dans cette voie, il n'y avait plus et il n'y a eu que des entraînements à subir, par des alternatives *révolutionnaires* ou *réactionnaires*. Ceux qui suivaient et suivent ces tendances contraires tournent, les uns et les autres, le dos au *progrès* en s'agitant, chacun, dans un cercle vicieux, c'est-à-dire en convergeant, au fond, vers le même but, *l'Absolutisme*, bien que par des moyens complétement différents.

Les uns procèdent d'une *affirmation immuable*, n'ayant d'autre justification que *la croyance* et *la foi* ; les autres, en haine de cette théorie, inclinent vers *la négation*, par conséquent, vers *le matérialisme*, et le grand nombre flotte entre ces deux extrêmes, les appuyant, tour à tour, ou succombant sous l'indifférence. Tel est le triste spectacle que présente, depuis trop longtemps, notre Pays, et qui n'était voilé que par l'activité matérielle. Notre société, à travers ces deux courants opposés, en est arrivée à un abandon de sens moral, à une espèce d'aberration qui étonnera, nous en sommes convaincus, ceux qui viendront après nous.

Cette direction contraire s'est affirmée, dans ces dernières années, plus que jamais, par suite des tendances regrettables de la religion dominante en France, dont les représentants, au lieu de chercher des moyens d'accord avec le progrès, ont jeté un défi à la raison, en exagérant, sans nécessité, les conditions imposées à la foi des croyants.

De plus, les ministres de la religion, au lieu de s'occuper exclusivement de morale et de pratiques religieuses, ont voulu continuer les traditions du passé, en pesant sur les principes de Droit, et leurs adversaires, souvent aussi mal inspirés, ont à leur tour méconnu, lorsqu'ils ne les ont pas oubliées, les principes de morale. Les uns et les autres, confondant du reste souvent, à qui mieux mieux, par ignorance, par passion ou par suite de parti pris, deux éléments bien distincts, *le Droit* et *la Morale*, qui, bien qu'ils doivent marcher d'accord vers le même but, ont néanmoins un point de départ et des moyens différents : de là un accroissement du trouble et de la confusion qui s'est introduit depuis longtemps dans les croyances.

La foi affaiblie par la raison, et la raison impuissante n'ayant pas encore trouvé sa voie; en réalité l'édifice religieux a été compromis, sans que les matériaux fussent suffisamment prêts pour sa restauration, et ceux qui en sont les conservateurs, ont été plus qu'impuissants à fermer les brèches, puisqu'ils ne les ont pas vues et ne les voient pas, ou les voyant et les indiquant, ne savent ni ne veulent rechercher les moyens de les réparer.

III

Revenons à l'examen des effets de la Révolution :

La devise qu'elle s'est donnée : « *Liberté, égalité, fraternité* » est une preuve saisissante des tendances confuses qu'elle a eues et qu'elle conserve.

Cette formule a été la cause des plus funestes égarements et du plus grand nombre des perturbations dont nous souffrons : devise *théocratique* et non *sociale*, mieux faite pour un pouvoir inquisitorial et d'obéissance que pour un peuple libre.

Pour peu que l'on veuille étudier cette formule, on se pénètre bientôt qu'elle n'a qu'un caractère *communiste* et *monacal*, et qu'elle est destructive de tout ordre, de toute hiérarchie et du Droit lui-même, sans servir la morale à laquelle on a voulu, pourtant, faire une large part.

Cette devise confuse a été, suivant nous, le point de départ d'un des courants les plus considérables qui aient contribué à précipiter notre Nation dans l'abîme où elle se débat.

Avec une population devenue passionnée pour l'égalité, et l'estimant surtout par le côté vulgaire, par l'état matériel, le dénigrement, l'opposition *quand même*, à tout et pour tout, sont devenus les moyens dominants du plus grand nombre, et surtout de tous les ambitieux ; il en est résulté un abaissement du sens pratique, un affaiblissement de caractère qui ont conduit à tous les désordres.

Dans de semblables dispositions, le pays appartenait à ceux qui savaient le mieux le flatter — et Dieu sait si tous les partis s'en sont fait faute. — Chacun d'eux n'avait plus en vue que de prendre la nation par ses côtés faibles pour la ramener à ses voies et surtout à ses hommes. C'était à qui exagérerait le plus, à l'envi, le droit et les intérêts particuliers. Quant aux devoirs, hélas ! il n'en était plus guère question.

Le suffrage universel *direct* a été la plus immense flatterie de la force, et celle qui, finalement, a été, ou pourra devenir, un des plus grands instruments de notre perte.

Le suffrage universel *direct* n'a fait qu'augmenter la confusion, qui est le point caractéristique de notre époque. Vrai dans son principe, il a été vicié par une application commandée par l'esprit de parti, au détriment de la raison.

Le suffrage universel *direct* n'est, en réalité, qu'un instrument de force et de despotisme, en ce qu'il ne tient pas suffisamment compte des droits pratiques et réels, comme ceux du père de famille, ceux qui tiennent au savoir, à l'expérience, à l'accumulation des fruits du travail, et qu'il ne représente dans l'application — grâce à l'ignorance ou à la passion actuelle — qu'un élément communiste, destructeur de toute hiérarchie rationnelle, qu'il est, en un mot, subversif de tout ordre régulier, basé sur l'ensemble des droits, qui sont l'apanage de l'homme comme individu et comme chef de famille.

A ces causes, il faut ajouter celles qui sont nées de l'abus de la force sous le premier Empire, et des prétentions qu'elles ont entretenues dans le Pays à une prépondérance basée sur d'autres moyens que l'exemple.

Enfin, dans le côté pratique, la centralisation excessive qui n'a fait que croître avec la Révolution, a produit les plus déplorables effets ; elle a fait naître un excès de vitalité au centre, en tarissant la sève aux extrémités. La centralisation a énervé la vie politique dans la province, a affaibli l'individualité et a conduit chaque localité, sans égard pour les différences nées de positions, de besoins divers, à VOULOIR ÊTRE *la parodie* de Paris et des hommes qui s'agitaient sur cette grande scène.

Ces causes supérieures ont engendré des effets qui, eux-mêmes, par leur importance, sont devenus le point de départ de nouvelles conséquences. Au premier rang, il faut placer la préférence donnée aux moyens politiques sur les progrès économiques ; par conséquent, la prééminence de la passion, des sentiments sur les notions vraies, réelles du droit, du devoir et de leur moyen d'action indispensable, *la liberté*.

C'est dans ces conditions, et avec le concours des fluctuations révolutionnaires qu'est arrivé au Pouvoir un homme ni meilleur ni plus mauvais que son siècle, non sans expérience, qui, fort d'un nom illustre, et grâce à un concours de circonstances produites en grande partie par les causes que nous avons signalées, a pu s'emparer du Pouvoir, et s'y faire confirmer pendant vingt ans.

On peut affirmer que ses moyens constants ont été l'exploitation de l'opinion publique et du suffrage universel. Toujours à la piste de la popularité, qu'il regardait comme l'élément indispensable pour gouverner, il a flatté, pour l'obtenir, les tendances matérialistes du pays, mieux servi en cela, qu'on ne le pense, par toutes les sectes dites socialistes, qui ont eu la singulière prétention de substituer les idées humanitaires aux idées patriotiques.

Dans la voie d'intérêts si largement ouverte, chacun des partis politiques avait son but particulier, ses compétitions, et la lutte dissolvante qui en est résultée a fini par la catastrophe contre laquelle il s'agit de réagir.

Les citoyens, sans croyance qui fissent contre-poids aux intérêts, travaillaient, les uns, pour s'enrichir, dans le but de mener une vie de luxe et de dissipation, les autres, non mieux avisés, dans le dessein d'enrichir leurs enfants, ce qui n'était que reculer d'une génération pour ceux-là, l'existence des premiers ; les gros salaires dans les villes n'étaient convoités que pour mener en petit, l'existence de ceux que l'on appelait les heureux du siècle ; dans la campagne, si injustement attaquée, les gros salaires avaient au moins pour but d'éviter aux enfants la misère que, trop souvent, les pères avaient ressentie.

Toute la société française, sauf de très rares exceptions, en était arrivée à préférer à tout, les jouissances matérielles ; elle ne vivait plus intellectuellement que du passé ; ce n'était plus le goût des fortes études, des sciences, des belles-lettres qui attiraient l'attention publique ; les travaux sérieux étaient, de plus en plus, négligés par l'opinion publique, qui devenait, chaque jour, plus indifférente à tout ce qui fait l'honneur de l'humanité. Dans les arts, des crudités visant à la reproduction du côté le plus bestial de la nature ; dans le courant d'*opinions*, des émotions d'un affreux réalisme, comme l'épouvantable forfait de Tropmann ou bien les aventures de Rocambole, ou encore le cynisme de certains folliculaires, tels étaient les sujets qui avaient le mérite de passionner les masses; comme ce que l'on est convenu d'appeler la société.

Tous les actes d'opposition, d'indiscipline, étaient amnistiés par l'opinion publique ; la faiblesse substituée aux sentiments de justice et de devoir, était poussée à un tel point que souvent, la pitié accompagnait plutôt les scélérats que leurs victimes, et les violateurs de la loi jouissaient de plus d'estime que ceux qui en sont ou s'en font les défenseurs.

IV

Le tort de l'empereur Napoléon, et que l'histoire ne lui pardonnera pas, c'est d'avoir encouragé ces funestes tendances, tantôt par faiblesse, tantôt par de détestables exemples, et trop souvent par un penchant politique inavouable. Aussi, lorsque la mesure de corruption a commencé à déborder, a-t-il été l'un des premiers atteint.

Néanmoins, malgré son incurie dans la dernière guerre, malgré les détestables penchants qu'il eût pu enrayer avec l'aide de son prestige et qu'il avait, au contraire, trop encouragé, le Pays lui eût beaucoup *pardonné* s'il eût su *mourir*, puisqu'il n'avait pas eu le talent de *vaincre*.

Pourtant, il serait impardonnable de ne pas le dire en cette circonstance, l'empereur Napoléon avait souvent eu des tendances libérales et démocratiques : il a contribué puissamment à réaliser des progrès qui pouvaient faire espérer une autre fin !...

Le malheur du règne de l'Empereur tenait au vice de son origine : né d'un coup d'Etat, il a dû remorquer après lui, les amis, les complices qui l'avaient fait réussir ; ce n'était plus dans ce sens, un gouvernement national, c'était un parti puissant qui dirigeait les affaires du Pays.

Pour les Administrations publiques, on recherchait moins le mérite que les sentiments d'attachement au système, et comme la popularité, avons-nous dit, était un des moyens puissants de ce système, l'Administration trouvait souvent plus commode de la rechercher et de l'obtenir par des moyens de corruption que par de véritables services. La recommandation au garde champêtre de ce maire incriminé : « *Ne confondez pas les poules des*

» *amis du Gouvernement avec celles de ses enne-*
» *mis,* » était trop souvent la pensée dirigeante d'un grand nombre de fonctionnaires.

Au lieu de laisser se produire une opposition nécessaire, indispensable dans tout pays libre, on employait tous les moyens pour l'empêcher d'être représentée, et cette opposition à son tour, dans trop de circonstances mémorables, oubliait la France pour ne songer qu'à ses rancunes de parti. L'armée, dans ses Chefs, était atteinte du même vice que l'Administration et le Pays, néanmoins le lien militaire, malgré le mode vicieux de recrutement, l'avait préservé en partie de la désorganisation qui atteignait le pays, et cette armée dont on a trop médit, a mieux fait son devoir que la plupart de ses détracteurs.

Elle a surtout mieux fait son devoir que les éléments désorganisateurs dont elle a reçu le contingent, lors de la déclaration de guerre, éléments infestés de la décrépitude morale dont souffre notre malheureuse Patrie.

L'armée, d'un autre côté, ne se sentait pas

suffisamment soutenue par l'opinion publique, ce qui paralysait sa force morale. L'Opposition, le Pays, par des causes bien diverses, — et celui même qui écrit ces lignes, partageait cette fâcheuse opinion — pensaient qu'on pouvait se passer d'une armée permanente nombreuse.

Ce courant d'opinions détournait de la carrière militaire, à tous les degrés de la société, bon nombre d'hommes qui lui eussent apporté un contingent de force morale qui est la base de la solidité des armées.

L'opinion publique, de son côté, toujours flottante entre des courants contraires, était sans nerf parce qu'elle était sans croyances, et conséquemment, sans convictions. De là, un abaissement du caractère individuel et l'exagération de la personnalité, trompeuse apparence de l'individualité ; l'un, se manifestant par le côté extérieur et matériel, ne s'inspirant que de l'intérêt et des circonstances, l'autre, au contraire, n'agissant que sous l'empire de convictions sérieuses.

Les partis étaient atteints du même mal qui rongeait les individus ; ce n'était guère la France, la Patrie, sa grandeur, l'intérêt général qui étaient le sujet de leurs préoccupations, de leurs agissements : l'intérêt de la coterie et de ses hommes, voilà quel était l'objectif de presque tous ceux qui étaient affiliés. N'en avons-nous pas vu, lors de la guerre, les plus tristes exemples ? De soi-disant républicains refusant leur concours au pays parce que l'Empire pouvait en profiter, et ensuite, des impérialistes faisant leur devoir sans zèle, avec un abandon coupable, parce que la République pouvait profiter du succès que leurs efforts auraient pu amener ; pauvre France !...

Ajoutez à ces causes d'affaiblissement les sophismes matérialistes qui travaillent les masses, sophismes mis en honneur par de prétendus philosophes, maîtres en paradoxes, mais dont la faconde est le seul mérite.

Tel était le malheureux état des choses au moment de la déclaration d'une guerre qui paraissait et était inévitable et pour laquelle nous n'étions pas suffisamment préparés, par les motifs les plus disparates, dont les plus importants tenaient aux dispositions ultra-pacifiques du pays et aux passions politiques.

La perfection même de nos armes, a été une cause incidente de notre désastre, en ce que l'Empereur Napoléon comptait, outre mesure, plus sur la juste estime qu'il en avait que sur le nombre qu'il en aurait fallu.

Cette situation du Pays se résumait par une déplorable direction dans l'opinion publique, avec un gouvernement qui avait perdu le meilleur côté de son prestige, une opposition implacable et trop souvent anti-nationale, une base politique vraie en principe, mais désorganisatrice par son application vicieuse, des traditions de centralisation excessives qui n'étaient qu'une cause de faiblesse au lieu d'être un instrument de force, et par-dessus toutes ces causes secondaires, un affaiblissement des principes moraux portant les esprits à la *confusion des confusions*.

Dans ces conditions, l'agitation sans motif,

sans raison, sans but plausible, faisait perdre de vue le progrès dont la trace s'effaçait insensiblement avec la désertion des croyances.

Cet état exige, tout le monde le sent, plus que des réformes ; c'est une véritable *rénovation* dont il faut trouver la base et les moyens d'action.

CHAPITRE II

LES MOYENS

I

Notre précédent chapitre sur les causes des événements dont notre Pays a souffert, nous conduit à rechercher quels peuvent être les moyens les plus efficaces pour neutraliser et annihiler les causes de la désorganisation sociale que nous avons constatées et qui, malgré le calme relatif dont nous jouissons n'ont pas disparues.

Lorsqu'une partie de la Nation, seulement, participait aux agitations de la vie publique, et lorsque, d'un autre côté, les destinées du Pays reposaient sur un pouvoir plus ou moins personnel, la corruption des uns et l'insuffisance de celui qui gouvernait ne pouvaient être que passagères, car la corruption n'était que partielle et l'insuffisance du chef de la Nation n'était que momentanée : la nécessité, favorisée par la grande et fatale loi des réactions, faisait, finalement, déchoir les corrompus qui étaient remplacés par des instruments moins atteints, d'autant moins atteints qu'ils étaient pris plus près du corps de la Nation.

Placés en dehors des agitations publiques, conservant plus intactes les idées de croyance, de bon sens, ces nouveaux venus apportaient, surtout, la haine des abus, en raison de ce qu'ils en avaient souffert.

Quant au Roi, les qualités qui lui manquaient se retrouvaient presque toujours chez son successeur, ou du moins il s'y retrouvait, le plus souvent, les défauts opposés qui neutralisaient les effets des premiers.

Il n'en est plus ainsi de nos jours : toutes les couches sociales participent, plus ou moins activement, suivant leur tempérament, à la vie publique ; toutes se règlent sur le même objectif et toutes sont plus ou moins atteintes de la passion dominante ; « le désir immodéré de jouissance matérielle. »

Il ne reste plus un centre national à l'abri de cette contagion qui puisse servir à la régénération du Pays. D'un autre côté, cette puissante et indispensable institution morale, la Religion, n'a conservé — par la faute principalement de ses Ministres — ni assez de prestige ni assez de confiance pour contrebalancer les appétits grossiers ; de sorte que l'objectif de notre Société au lieu de s'élever tend plutôt à s'abaisser, sans que l'on apperçoive encore le correctif déterminé qui puisse arrêter la Nation dans cette voie de décadence.

Néanmoins, chose singulière, nous voyons ce phénomène qui nous remplit d'espoir : « Bien que les idées d'affirmation soient pleines de vague et d'indécision, il n'en reste pas moins un désir universel de croyances. »

« Bien que le corps social, dans son ensemble, n'ait pas encore une suffisante intelligence du droit, de la morale, il a, pourtant, à un haut degré, des aspirations vagues, il est vrai, de bien et de juste ; mais ces tendances sont malheureusement dominées de haut par les appétits matériels qui sont la lèpre de notre époque. »

Que faut-il donc à ces aspirations pour se développer utilement et prendre racine ? Il faut des Institutions qui les régularisent et leur impriment le côté pratique qui leur manque.

II

Les époques de crise et de transition ont cela de particulier qu'elles troublent l'individu et lancent, sans mesure, son esprit sur la pente de l'inconnu : Les aspirations vers le progrès dépassent, généralement dans ce cas, les facultés du plus grand nombre. Un temps d'arrêt est nécessaire pour laisser arriver les retardataires et les entraîner.

En cette situation, il appartient à la collectivité de suppléer à l'insuffisance de l'individu, de le mieux préparer et de l'affermir dans les notions vérifiées de croyance et de pratique combinée de Droit et de Devoir que les institutions et la loi doivent résumer.

C'est là, nous dira-t-on, quelque chose de singulier ; c'est le renversement du procédé habituel de la cause produisant les effets.

Vous demandez que l'effet agisse sur la cause.

Rien n'est pourtant plus rationnel.

Le Progrès ne peut s'établir, malheureusement, dans l'humanité par un effet continu : produit de la liberté, il en supporte les oscillations et les faiblesses ; il agit, nous l'avons dit ailleurs, par la perfectibilité et souvent encore, par une utile réaction.

La réaction produit dans ce cas son bienfaisant effet en appuyant sur l'étude des moyens pratiques, en enrayant des mesures trop hâtives, mal étudiées et qui compromettraient plus le progrès qu'elle ne lui aiderait.

La réaction rationnelle, tutélaire par rapport à la liberté qui, dans son excès porte les esprits trop en avant, a un guide obligé et nécessaire : c'est l'Autorité qui, toujours animée par le devoir, contient les impatients, stimule les retardataires, et qui, toujours protectrice de la liberté de chacun, aide à en obtenir les meilleurs effets.

Ne voyons-nous pas ce phénomène d'*action* et de *réaction* produisant l'harmonie dans les choses physiques, sous l'empire des lois providentielles ? Il trouve son application et son analogie dans tout ce qui existe, et la cause est, en toute chose, impressionnée en retour par les effets qu'elle a produits : de sorte que, souvent, les effets deviennent causes à leur tour; enchaînement logique plein de sublimité et d'enseignements !...

Nous le constatons : deux forces sont donc impérieusement utiles à la Société dans ses manifestations ; deux forces qui ne sont jamais en opposition que par la faute des hommes ou des institutions, dont l'accord peut seul produire les bienfaisants effets sociaux auxquels nous aspirons : — La liberté, l'Autorité.

III

Notre société méconnaît trop souvent cette loi fondamentale : aussi, qu'arrive-t-il ? C'est qu'elle subit tous les soubresauts d'une action sans règle, suivie inévitablement d'une réaction sans mesure qui compromet incessamment le progrès.

Que voyons-nous en ce moment ?

Notre Nation, sous l'empire de la liberté, a fait, pour ses facultés, une marche trop précipitée en avant. Si elle veut affirmer ses conquêtes, éviter les réactions brutales, il lui faut absolument, au moins momentanément, user de plus d'autorité que de liberté.

Mais qu'entendez-vous, nous dira-t-on, d'une manière précise, par l'autorité ?

L'Autorité se confond trop souvent avec le Pouvoir parce que, comme lui, elle concentre toutes les forces sociales; mais le *Pouvoir* n'est qu'un *état de fait*, tandis que *l'Autorité* doit être *un effet de droit :* de là, la différence d'action de *l'un* et de *l'autre.*

Le Pouvoir, lorsqu'il n'est qu'un produit du nombre ou de force, constate simplement un état de domination qui s'appelle, en réalité, le despotisme ou la tyrannie.

Un pouvoir de cette nature peut s'appuyer aussi bien sur une individualité que sur une collectivité.

Le Pouvoir, pour mériter le nom d'*Autorité*, doit réunir à la force matérielle la *puissance morale*.

Avant la Révolution le Pouvoir se légitimait par la tradition, par un effet de sentiment, par la religion dominante qui, en le consacrant, lui donnait la puissance morale.

De nos jours, l'Autorité ne saurait acquérir, par de semblables procédés, l'influence morale.

L'Autorité, celle qui seule mérite ce nom, doit donc tenir le pouvoir d'une émanation du Droit ou des droits *rationnellement pondérés*. Cette origine lui est indispensable comme base de *puissance morale* qui se développe, ensuite, sous une action tutélaire, en ce qu'elle s'applique en toutes circonstances à être la protectrice du droit de chacun. Elle est, par son origine, une manifestation de la liberté, dont elle devient la gardienne vigilante en la préservant de ses excès.

Au lieu de procéder par le droit, ou le prétendu droit, comme le pouvoir basé sur la tradition, ou uniquement sur le nombre elle agit sous l'empire du devoir, de l'obligation, conséquemment ; elle ne vise pas à l'absorption du droit, elle se borne à en protéger les manifestations.

L'Autorité, lorsqu'elle mérite ce nom, a pour objectif cette belle parole de l'Ecriture, qui doit être la règle du sacerdoce :

« Que celui d'entre vous qui veut être le » premier, soit le serviteur de tous. »

Si elle dispose de la force matérielle elle emploie, avant tout et toujours, de préférence, la puissance morale qu'elle cherche à acquérir par ses procédés, afin de recourir le moins possible à la contrainte légale. En un mot, elle tend sans cesse, par l'influence morale, à modérer, à tempérer la liberté, à l'empêcher aussi bien que le *droit exclusif* de tourner à la violence.

IV

Quelle est donc la forme gouvernementale qui se prête le mieux, dans l'état des mœurs de notre pays, à l'alliance de cette dualité : la force matérielle et la puissance morale, apanage de l'Autorité ?...

Est-ce le système qui subordonne les conventions sociales à un prétendu droit théocratique, condamné sans retour par la raison, puisqu'il méconnaît les éléments sociaux les plus nécessaires et les plus indispensables : le droit individuel, la liberté et la raison, qui sont relégués au second plan pour placer au premier les moyens théocratiques qui ne peuvent s'appuyer que sur la foi et la tradition ?...

Tant que la foi et la tradition ont eu un prestige presque universel et ont rallié le plus grand nombre, la Monarchie de droit divin a pu facilement assurer l'ordre matériel aux dépens du progrès.

Aujourd'hui, peut-on songer sérieusement à une restauration de cette forme de gouvernement, alors que les éléments où elle puisait la puissance morale lui manquent complétement, ce qui est reconnu par ceux-là mêmes qui en sont les partisans, car ils constatent chaque jour que notre époque manque de foi et renie toute tradition non justifiée par la raison.

Est-ce le système constitutionnel ?...

Ce système, assurément, n'est pas sans valeur ; il est, au fond, la représentation d'un système philosophique bien connu : « l'éclectisme. »

Dans la pratique, il est basé sur une succession de compromis raisonnés ; il sacrifie à la nécessité d'ordre et de stabilité, — qui est un des grands besoins de toute Société, — un principe rationnel en admettant l'hérédité du Pouvoir, mais au moins il ne met pas ce principe au-dessus de ce que nous appellerons le Droit national, c'est-à-dire le droit qui appartient à l'ensemble de la nation, de choisir la forme de son gouvernement.

Par les résultats qu'ont obtenus des Nations voisines, il justifie, sous certains rapports, la préférence dont il peut être l'objet, car il se prête à cette union de la liberté et de l'autorité ; et, d'autre part, s'il ne peut la posséder dans son essence il cherche, du moins, et doit forcément chercher, pour vivre, à s'appuyer sur la *puissance morale*.

Pour la pratique de ce système, il faut plus de sens politique que notre pays n'en a eu jusqu'à présent ; il faut un tempérament plus calme que celui de notre Nation ; il faut la science des compromis, et notre pays a cherché bien à tort jusqu'à présent le progrès dans les moyens absolus au lieu du mieux. C'est pourquoi il a fait tant d'efforts stériles, car il le cherche dans une voie où il n'est pas et où les alternatives forcées d'action et de réaction le font disparaître.

Est-ce un système dictatorial formant, par voie de compromis, l'équilibre du nombre ?...

Notre nation vient d'en user.

On aurait pu croire, un moment, que ce système servirait de transition pour arriver à l'alliance que nous désirons, « de la liberté et de l'Autorité. »

Il a échoué par sa faute et aussi, il faut le dire, d'ennemis implacables,.... passons !....

Il nous reste la République.....

Personne ne peut nier que cette forme ne soit pas la plus logique et la plus rationnelle. De fait, elle ne procède ni de sentiments religieux ni de la tradition, mais *uniquement* de la *raison*.

La République repousse, conformément à la raison, à la philosophie, l'hérédité du Pouvoir, source de tant d'abus. Elle est essentiellement un Gouvernement d'élection, conséquemment le Pouvoir, l'Autorité, doivent revenir aux plus dignes, aux plus capables et non à ceux qui savent le mieux flatter les passions dominantes, qui sont la plaie des idées républicaines.

La République est dans son essence, il faut bien le reconnaître, comme la liberté, non un but, mais simplement un moyen ; il n'est pas, du reste, une forme de gouvernement qui saurait prétendre rationnellement à une autre définition.

Son honneur est de reposer sur des combinaisons multiples de raison, de droit, de morale et de nombre, en donnant la plus grande expansion possible à la liberté.

Son caractère la met à l'abri du vice organique des autres formes de gouvernement qui, constamment, sont obligés d'agir pour le bien du système sur lequel ils reposent.

De système, elle n'en doit pas avoir que ceux justifiés par la raison, le droit et le devoir, sur lesquels elle s'appuie : sa visée constante doit être le progrès par le *mieux* et par l'application éclairée du **Droit commun**.

Elle doit, en les réglant, et non en les comprimant, se prêter progressivement à toutes les manifestations de la *liberté* qui est son *vrai moteur*.

La République, par son origine, est infiniment moins le gouvernement des hommes que celui de la loi et des institutions; elle doit donc constamment s'appuyer sur les principes qui la mettent à l'abri de l'arbitraire et de la tyrannie.

La République doit prendre son objectif dans les plus hautes régions de la raison et de la science; elle doit repousser avant tout les préjugés, les abus, d'où qu'ils viennent, et les repousser moins par la contrainte que par le respect de la liberté. Avec elle, la société sera mieux disposée à une étude constante des meilleurs moyens pour ennoblir l'âme, pour satisfaire aux besoins matériels de chacun, par de bonnes institutions politiques et économiques.

La République doit prendre au passé tout ce qu'il a eu de bon et rejeter progressivement ce qui est défectueux, sans méconnaître jamais la faiblesse humaine et le dualisme, sous tant d'aspects, dont elle doit tendre à régulariser le jeu.

La République seule, par conséquent, par les idées et par les principes sur lesquels elle repose, nous paraît renfermer les conditions voulues pour la restauration de l'autorité, de la puissance morale qui doit être sa principale force.

V

Le malheur des idées républicaines a été de s'appuyer jusqu'à présent, presque toujours sur la force, sur le nombre, en négligeant les moyens de puissance morale ; de repousser les idées d'autorité pondérée par la liberté, pour leur préférer les idées d'autorité dictatoriales ; de négliger le devoir pour satisfaire les passions en exaltant outre mesure les idées révolutionnaires.

Pour un trop grand nombre de républicains encore, il y a une confusion des plus regrettables au point de vue social entre la force et le droit, entre l'intelligence et la matière, entre le travail et le capital.

Avec eux, le travail manuel serait, dans ses effets, supérieur au travail intellectuel ; le travail du passé, sous forme de capital, nuirait plus qu'il n'aiderait au travail courant et à la formation d'une nouvelle épargne : Enfin, la force absorberait le droit et la République deviendrait, dans ce cas, une application de l'aphorisme prussien : « *La force prime le Droit.* »

Ils en étaient venus à ce point que les idées d'ordre et de stabilité leur paraissaient être contraires au droit et à la liberté et que l'anarchie paraissait un moyen supérieur à la loi. En un mot, ils cherchaient la solution de tous les problèmes, par la force, par le droit, sans faire intervenir suffisamment le devoir, et, partant des abus de la religion, ils inclinaient vers les idées matérialistes et de négation religieuse qui, seule, du reste, pouvaient concorder avec leurs vues politiques.

Il est temps de modifier un pareil penchant.

Arrière donc tous les procédés pris à la tyrannie. Arrière, toutes les institutions qui n'auraient d'autre base que cette donnée jésuitique : « La fin justifie les moyens. » Arrière tous les empiètements de la force dans les Institutions !

Les Institutions, la loi, ne sont respectables que si elles sont basées sur le respect le plus absolu de la liberté et du droit de chacun. L'Autorité elle-même n'aura de *puissance morale* qu' autant que les *Institutions et les lois consacreront* les droits de la famille, de la propriété, qui sont *antérieurs* et *supérieurs* à la société, et qu'elles viseront à l'alliance de la liberté et de l'autorité. Les Institutions républicaines doivent donc avoir pour base les idées conservatrices et rejeter les idées révolutionnaires qui tendent à faire prévaloir le fait et la force sur le droit, l'action sociale qui n'est que conventionnelle sur les droits de l'individu et de la famille, et, enfin, s'inspirent d'idées matérialistes, plus que des idées de croyance et d'affirmation.

VI

Il ne faut pas que les vrais républicains s'y trompent. Jusqu'à présent le mot *République* a dû son prestige presque uniquement à ce que les idées qui la représentent s'appuient sur une base plus logique, plus rationnelle que les autres formes de gouvernement, et encore parce qu'avec raison, on supposait une affinité étroite entre ce mot : *République* et le Droit, la morale, la liberté, la vertu !...

Conséquemment, si abandonnant cet idéal sublime, ils demandaient leurs moyens plus à *la force* — qui est infiniment plus précaire qu'ils ne le croient — qu'à la *puissance morale*, c'en serait fait de la République, car jamais *la force* ne primera *le droit* d'une manière permanente, comme aussi le *droit* n'aura jamais d'action légitime que par la pondération du *devoir*.

Pour fonder la Répubique et lui donner le caractère de stabilité qui est indispensable à tout gouvernement, il faut que tous les éléments vraiment républicains se groupent en un parti national exempt de toutes passions de coterie et d'exclusivisme, procédant toujours par la liberté pour donner la direction au progrès par le *mieux* et non par la chimère du *bien absolu*.

Pour atteindre ce but, que faut-il ? Donner à la République des Institutions dignes de son nom, des Institutions qui soient des modèles permanents de respect du *droit* et qui tendront ainsi à fortifier, à régénérer nos mœurs et le bons sens public trop souvent oblitéré.

Mais, nous objectera-t-on, vous avez en vue de modifier l'individu, de réformer les mœurs par les institutions ; au lieu de vous attaquer à la cause, vous procédez par l'effet...

Nous avons déjà dit comment et par quelle suite logique l'effet peut influencer la cause : nous y reviendrons en peu de mots ; mais, avant, nous tenons à répéter qu'il nous paraît impossible d'entreprendre la régénération, la rénovation, pourrions-nous mieux dire, que nous ambitionnons, en agissant par l'individu.

Pour agir sur l'individu directement, en dehors de la force, de la tyrannie, que nous repoussons toujours, nous ne voyons que les moyens religieux qui ont perdu momentanément toute efficacité.

Nous espérons donc qu'en agissant indirectement par les institutions, non-seulement nous rétablirions sur les bases inébranlables, au fond, des principes conservateurs, l'ordre matériel et l'ordre moral, surtout, qui ramènera, par la raison, les esprits et les cœurs à de plus hauts sentiments religieux.

Ainsi peut s'accomplir, par une réaction salutaire, la rénovation désirée par tous les vrais républicains, par tous les patriotes, par les hommes vraiment religieux entraînant à leur suite les sectaires religieux et politiques.

Assurément, si notre société ne renfermait les germes visibles de cette régénération, germes faciles à reconnaître, il faudrait désespérer, se voiler la face et attendre la réaction de l'excès du mal même.

Mais il n'en sera pas ainsi ; les germes nombreux qui vivent, aujourd'hui, en tourbillons sans direction et dans l'anarchie, groupés, dirigés, deviendront, avec l'aide de bonnes institutions, la semence bien employée, c'est-à-dire la cause qui, absorbée par l'effet, devient cause à son tour, après avoir décuplé, centuplé sa force d'action.

VII

Tel est le résultat que nous espérons obtenir, pour notre Société, si après avoir usé et abusé de tout, elle peut, par la *restauration de l'Autorité*, acquérir la sagesse, la maturité dont nous la croyons capable, de se donner de bonnes institutions toujours basées sur l'ensemble des droits rationnels, qui sont le fondement de toute société libre, et en regard de la morale la plus élevée.

Il ne faut pas perdre de vue que l'Autorité ne saurait acquérir de puissance morale qu'en s'appuyant sur des lois et des institutions protectrices de tous les droits et réglant, en conformité du droit et de l'équité, les obligations de chacun ; d'institutions qui viseront non à une égalité chimérique, absurde, négation du droit et de la liberté, mais qui tendront à élever le niveau moral, intellectuel et matériel de notre société.

Après la théorie, nous allons entrer dans la pratique, c'est-à-dire dans l'examen des réformes ou des institutions qui peuvent, suivant nous, le mieux assurer le progrès. Nous bornerons notre examen, pour le moment, aux questions qui passionnent le plus l'opinion publique et dont les partis ont fait une arène de combats livrés moins en vue, croyons-nous, de l'intérêt du pays que de celui de parti.

CHAPITRE III

LE SUFFRAGE UNIVERSEL

LA LOI ÉLECTORALE

I

Le premier instrument, la base de notre système politique ne saurait être autre, aujourd'hui, que le suffrage universel.

Dans son principe, le suffrage universel est moins *un droit* que la *conséquence d'un droit* supérieur justifié par la philosophie, comme par les plus hautes idées religieuses : il est un juste hommage rendu à l'individualité, à la liberté humaine ; il forme, par son double caractère moral et matériel, le moyen le plus puissant, avec une organisation rationnelle de pondération, d'équilibre des divers droits que la société qu'il représente dans son ensemble a pour but de protéger.

Dans la pratique, et en fait, le suffrage universel se légitime par cette double raison : que la liberté, dans son expression la plus élevée, serait une lettre morte, si elle ne se traduisait pas par le *Droit*, qui appartient au citoyen de participer, au moins indirectement, à la formation de la loi à laquelle il doit être soumis, et d'autre part, l'équité exige que le citoyen ait une action *corrélative* aux charges qui lui sont demandées pour les accepter, les contrôler ou les repousser.

Telles sont, sommairement, les raisons, indépendamment de celles purement *d'ordre moral*, qui, dans la pratique, légitiment le suffrage universel et en déterminent, en même temps, le caractère et l'application.

Le droit au suffrage se limite donc par l'exercice d'un contrôle et doit être *proportionné* dans son exercice *aux charges* que le citoyen subit, à moins de méconnaître les principes les plus élémentaires de justice ; il est, en réalité, moins un *droit* qu'un *principe rationnel de droit*.

Si, au lieu de protéger le droit individuel, auquel il doit son existence, de reposer sur la raison et la justice, qui doivent être ses guides, le suffrage universel ne représentait, comm dans son application actuelle, *qu'un élément* de force, il serait infailliblement l'instrument de la pire des tyrannies ; car, au lieu de l'ordre moral, il produirait un redoublement de trouble et de confusion.

II

Le droit de suffrage, avec une application matérielle tel qu'il est pratiqué, reproduirait, non exactement, mais dans ce qu'il avait de plus insupportable, le Droit divin de la royauté : comme ce dernier, il viserait à l'absorption de tous les droits, ou, tout au moins, à les primer, avec cette différence que la royauté était contenue par la religion, qui, tout en consacrant son principe, consacrait au même titre les droits imprescriptibles qui sont le fondement de toute société, qu'il faudrait inventer s'ils n'existaient pas comme un indispensable moyen de progrès : *les droits de la famille et de la propriété*, et que, de plus, la royauté était soumise à des responsabilités, au moins morales, édictées par la religion, responsabilités auxquelles échappe forcément le suffrage universel.

Dans les conditions actuelles de son exercice, le suffrage universel est dirigé évidemment bien moins par *des éléments moraux* de conservation et de droit que par *des intérêts* particuliers, des passions naissant de son organisation matérielle, qui en vicient les effets en les tournant contre l'ordre moral, où il puise son origine et sa plus haute légitimité.

Pour rendre au suffrage universel le caractère qui lui convient et le ramener à son rôle de moyen moral et matériel, il faut, dans son organisation, des tempéraments qui fassent contrepoids *au nombre*, à la force brutale, en créant, dans son expression, *des éléments* empruntés *aux droits* qu'il doit avoir pour mission de protéger.

III

Si la liberté ne devait pas, pour donner tous ses effets utiles, être réglée par le Droit, et, corrélativement, par le devoir, ainsi que par la pondération des droits auxquels elle donne naissance par son alliance avec la morale, l'exercice du suffrage universel actuel serait parfait ; mais la différence de droits entre les citoyens, par suite de l'usage qu'ils ont fait de leur liberté, ou pour eux, la famille dont ils détiennent les droits, oblige, conformément à la raison, à la justice, à une différence analogue dans l'exercice du suffrage ; cette différence dans le droit au vote doit être réglée par le droit commun, en vue de rapprocher, le plus possible, l'état de compromis qui représente le suffrage, de la vérité, de la justice, et de le faire concorder avec le double état moral et matériel sur lequel il repose et qu'il représente.

Avec un système rationnel d'équilibre et de pondération, on obtiendra un ordre moral infiniment supérieur à celui dont nous jouissons, comme aussi à celui qui naîtrait de présomptions légales dans le suffrage : trouver et créer cet organisme nouveau, tel est le problème le plus sérieux qui puisse s'imposer à notre Nation, car, de sa solution plus ou moins juste, rationnelle, naîtra, nous ne saurions trop le redire, un ordre moral, politique, économique, qui contribuera à nous élever, à nous tenir stationnaires ou à nous abaisser.

IV

On ne manquera pas de nous objecter que nous allons détruire l'égalité politique : c'est là, en effet, notre but, parce que l'égalité de fait est contraire à la vérité, contraire au bon sens qu'elle tend chaque jour à oblitérer davantage, contraire aux droits pratiques que le suffrage doit protéger et qu'il tend, nous ne saurions trop le redire, à dénaturer, à absorber. Est-ce que le fils peut être... pratiquement, égal au père? Celui qui, par le travail de lui ou des siens, jouit de droits spéciaux et particuliers, peut-il être équitablement l'égal de celui qui n'a rien fait, par lui ou par les siens, pour acquérir la fortune, accumulation du travail, accumulation qui profite à la société comme à l'individu qui la possède Est-ce que la différence dans les charges publiques et la distribution de ces charges ne doit pas absolument faire établir une différence analogue pour l'établissement ou la répartition de ces charges?

Enfin, pour ne pas multiplier à l'infini ces exemples, est-ce que le citoyen, qui ne sait pas lire ou qui n'a que des notions d'instruction primaire, peut être rationnellement placé sur la même ligne qu'un membre de l'Institut?

Et c'est sur une organisation, ne tenant aucun compte de ces différences aussi contraires à toutes les notions de bon sens, de logique, que l'on voudrait maintenir la base de notre état politique ?...

V

Nous le disons, avec conviction, il n'y a que ceux, après une mûre étude du sujet, qui comptent sur la confusion qu'emmène l'application actuelle du suffrage universel pour rétablir un pouvoir autoritaire, ou ceux qui espèrent « *primer la force par le droit,* » pire de toutes les tyrannies, qui puissent défendre un système que la raison réprouve et que la justice condamne.

Que l'on ne nous dise pas que quel que soit le système que l'on appliquera, il faudra toujours le faire reposer sur des compromis. Oui, cela est vrai ; mais la valeur des compromis est basée évidemment sur leur justesse, c'est-à-dire que leur valeur tient à leur plus ou moins de concordance avec les principes rationnels de droit, de justice, dont les institutions humaines doivent avant tout s'inspirer. Que l'on ne nous dise pas que l'opinion publique, l'influence viennent modifier les effets matériels du suffrage ; oui, cela serait vrai avec une organisation plus rationnelle, plus conforme à tous les droits pratiques : l'opinion, l'influence morale sous l'empire des éléments mieux coordonnés, qui formeraient la base du suffrage, combleraient utilement les lacunes qu'il peut présenter ; mais avec l'organisation matérielle actuelle, ce sont les influences matérielles qui prévaudront toujours, forcément, sur l'influence morale.

Il nous paraît donc tout à fait indispensable de donner au droit de suffrage, au lieu de cette constitution communiste, brutale, qui tend à décapiter la société, la constitution morale, hiérarchique, qui doit avoir pour but de reproduire et sauvegarder la hiérarchie sociale qui s'établit, non par des priviléges, mais par la jouissance de droits légitimement acquis ; le suffrage, réformé sur ce principe, deviendra certainement, par les choix éclairés qu'il pourra faire, le meilleur, le plus équitable, le plus indispensable instrument de progrès, de diffusion du savoir et du bien-être.

VI

Le suffrage universel, dans sa pratique actuelle, nous ne saurions trop le redire, en ne tenant compte ni de l'ensemble des droits individuels et de famille antérieurs et supérieurs à tout état social, ni du savoir ni de la raison, ou les subordonnant à un droit particulier de contrôle, est une violation des vrais principes républicains ; il est une cause permanente de décomposition sociale, parce que, par sa vicieuse application, il tend à oblitérer le bon sens, le jugement du citoyen, et, conséquemment, au lieu d'élever son niveau moral, il tend à l'abaisser, en ce qu'au lieu d'être appliqué par son côté moral, combiné rationnellement avec le nombre, il n'est appliqué que par son côté matériel ; conséquemment, au lieu d'être un instrument d'ordre moral, il n'a été, jusqu'à présent, qu'un instrument de force à laquelle ses admirateurs voudraient donner le caractère d'infaillibilité.

Le conserver tel qu'il est, c'est vouloir renoncer à la constitution de la puissance morale indispensable à l'autorité ; c'est laisser la porte ouverte à la Révolution et c'est préparer, dans un temps plus ou moins loin, par une pente fatale, la restauration d'une Dictature quelconque, que le besoin d'ordre, incessamment troublé, rendra nécessaire.

Avec la Révolution, c'est l'imprévu ; et les républicains, moins que leurs adversaires, ne devraient oublier que, dans les égarements qu'elle provoque, comme Saturne, « *elle dévore ses enfants.* »

Avec le suffrage universel, nous aurons des gouvernements *de fait* et non *de droit*, toujours modifiables, logiquement, par la Révolution, qui restera au-dessus d'eux et qui deviendra légitime lorsqu'elle aura été amnistiée par le suffrage universel, amnistie qu'une Révolution triomphante, quel qu'en soient le but et le motif, obtient toujours facilement.

Pour éviter ce fatal résultat, il faut, par une salutaire réaction, revenir à une application rationnelle et morale du suffrage universel.

Cette réforme présente, assurément, une des questions les plus complexes qui s'imposent à notre époque ; car c'est, au fond, l'accord difficile du nombre, de la force, avec le droit, la liberté et la justice : de la solution, plus ou moins judicieuse de cette importante question, dépend plus que l'avenir de la République, l'avenir de notre Pays lui-même.

VII

Nous essayerons, pour terminer sur ce sujet, d'indiquer plusieurs moyens, qui ne sont et ne peuvent être, en réalité, que des compromis, tout en constatant que ce ne sont pas les seuls et que l'on peut, vraisemblablement, en trouver d'une plus facile application : notre but est de nous tenir sur le terrain des principes plus que sur celui de l'application.

Depuis longtemps on recommande, comme un élément de pondération de la force dans le suffrage universel, les combinaisons par dégrés, qui le spécialiserait. Ce serait, assurément, déjà un progrès sur l'application actuelle.

On pourrait encore, par exemple, établir des catégories rationnelles basées sur les progressions suivantes :

1° Tout citoyen majeur *une voix*.   1

2° Tout père ayant un fils électeur, *une voix* de plus. . . .   2

3° Tout citoyen payant aux quatre contributions une quotité *à déterminer*, *une voix* par chaque quotité . . . .

4° Tout instituteur, bachelier, *une voix* de plus par chaque grade universitaire ou scientifique. .

5° Enfin, une cinquième catégorie attribuant *un nombre* proportionné *de voix* à leur grade, aux militaires retraités et à tous citoyens retirés des fonctions publiques. . . . . Mémoire

Le nombre *maximum* de voix que chaque citoyen pourrait réunir serait *limité* de façon à ce que le droit représenté par *l'unité* ne pût pas être annihilé.

En dehors de ces deux combinaisons qui sont inspirées par des restrictions, non dans le principe, mais seulement dans l'application, on a recherché d'autres moyens qui consisteraient à le restreindre dans sa base.

Nous ne saurions partager cette manière de voir, parce qu'elle n'accorde pas au principe la place qu'il doit avoir et que l'on retomberait indirectement dans le cens électoral privilégié, tandis que le cens que nous appliquons, par respect du droit et de la justice, n'empêche pas le fonctionnement du principe dans sa base la plus large, et les degrés qu'il faut monter sont suffisamment gradués pour que chacun, par une émulation, un effort aussi utile à celui qui le fait qu'à la société, puisse modifier, à son avantage, la classification qui le concerne : système, au fond, de concurrence, d'émulation né de la liberté et qui a sa règle dans le droit et la justice.

La valeur du moyen que l'on emploiera pour rendre au suffrage universel son caractère de principe de droit rationnel se reconnaîtra à la protection que son organisation aura pour effet de rendre plus ou moins efficace, en même temps plus ou moins juste, de chacun des droits qu'il doit avoir pour but de protéger.

VIII

La loi électorale est, certainement, le palladium de la République : l'élaboration de cette loi est le plus grand écueil qui l'attend, car c'est la base de tout l'organisme politique qui a une si grande influence sur l'état social.

En dehors des idées générales que nous avons développées, il est certaines conditions particulières dont nous tenons à dire quelques mots. Si le législateur doit être très large pour les conditions de domicile et autres à imposer à l'électeur, en vue d'élections générales, il doit avoir des exigences autrement sérieuses pour les élections communales.

Il nous paraît, en outre, extrêmement important de ne pas admettre les *scrutins de liste*, qui ne sont qu'un moyen d'encourager les passions et de faire prévaloir des choix inspirés par l'esprit de parti ou de coterie. On peut remédier à ce très grave inconvénient par des combinaisons raisonnées ; par exemple, en ne donnant à chaque citoyen que la faculté de ne porter sur la liste qu'*une unité* ou un *nombre réduit*, afin de laisser un accès, *proportionnel à leur nombre*, aux minorités.

Les élections prendraient, par ce procédé, le caractère de la raison à la place de la passion.

CHAPITRE IV

DE L'INSTRUCTION

I

L'opinion publique se préoccupe, avec raison, de l'instruction, car, dans une République démocratique, il est indispensable que le citoyen, sur lequel repose, en définitive, l'ordre politique, acquière toutes les aptitudes qui le mettent à la hauteur du rôle élevé qu'il a à remplir. L'instruction est donc véritablement *obligatoire* pour tous; mais *cette obligation* doit-elle prendre place dans la loi? Telle est la grande question qui se débat dans le pays en ce moment.

Pour se prononcer, il est d'abord nécessaire d'examiner de quel ordre est *cette obligation*;

quelle en doit être la règle rationnelle, conforme aux principes, aux idées républicaines, et quels sont, enfin, les meilleurs moyens, en conformité des principes, pour obtenir les résultats que tous les partis, sans exception, désirent ; ce qui nous amène à dire que les partis, d'accord au fond, sur les résultats, ne diffèrent que par les moyens, et que c'est dénaturer, envenimer la question, que de la passionner et empêcher, au fond, qu'elle soit résolue dans le sens le plus pratique, le plus rationnel, et celui qui, par conséquent, produira les meilleurs effets.

Pour nous, nous n'hésitons pas à affirmer que l'instruction à donner aux enfants ne peut être, pour le père de famille, qu'une *obligation morale ;* vouloir une obligation légale, c'est commettre l'acte le plus regrettable que le législateur puisse imaginer, le plus contraire à la puissance morale de l'autorité, si nécessaire à notre époque, le plus contraire au respect si indispensable dû à la loi ; c'est ce que nous allons essayer de démontrer.

La loi, à moins de violer par la force des droits qu'elle a pour mission de protéger — — ceux du père de famille en première ligne, à moins de retomber dans les errements du despotisme — la loi doit être toujours, surtout avec le régime républicain, qui ne peut pas déserter les principes sur lequel il repose, sans tendre à sa destruction, doit être, disons-nous, limitative, indicative, explicative, passive on peut dire, sous peine d'être tyrannique. La loi morale seule peut être impérative et active, car elle se refuse à la contrainte matérielle ; elle agit par l'exemple, par la persuasion ; elle agit sur l'intelligence, et c'est elle qui contribue le plus ainsi à former les bonnes mœurs.

La loi, en voulant toucher à l'autorité du père de famille, qui lui est supérieur, le met dans un état de rébellion légitime ; elle tend au plus funeste des désordres.

II

Les limites de la loi et de la morale se trouvent toutes tracées par les deux aphorismes, l'un qui a servi de base à la sagesse des Anciens et qui, en définitive, est la base de l'action civile :

« Ne fais pas à autrui ce que tu ne voudrais » pas qu'il te fût fait. »

Et la formule morale, dont l'honneur revient à Jésus-Christ — qui a été ainsi le restaurateur de la liberté et de la dignité humaine et le vrai fondateur de la civilisation moderne :

» Fais à autrui ce que tu voudrais qu'il te fût fait. »

A moins donc de tomber dans la confusion la plus regrettable, il fant prendre cette double formule pour base de l'action sociale : l'une doit être l'objectif de la loi et l'autre est seulement du domaine de la religion ; et si la loi tend a amalgamer l'action morale avec l'action civile, elle tend simplement à reconstituer moins rationnellement et moins logiquement la tyrannie de l'Eglise avant la Révolution.

Si l'on veut rétablir véritablement, comme base de l'ordre social, la liberté, il faut de toute nécessité faire toujours prévaloir dans la loi cette séparation d'action morale et civile ; la première doit être prise, il est vrai, comme objectif par la seconde, mais elles ne sauraient jamais être confondues sans tourner contre le but d'ordre, de progrès que l'on doit se proposer.

Méconnaître cette loi fondamentale, c'est vouloir continuer l'action de systèmes politiques et de gouvernements usés qui laissent la porte grande ouverte au despotisme.

III

La Société a trois moyens d'action :
« La liberté... les mœurs... la loi... »
La loi doit laisser à la liberté et aux mœurs

le soin de résoudre tous les problèmes sociaux, et la loi, qui est, au fond, la contrainte, ne doit intervenir que pour rendre obligatoire le respect des droits antérieurs à la Société et leurs dérivés, ou l'accomplissement d'obligations voulues par la nécessité, légitimées par la raison, et que la liberté serait impuissante, seule, à accomplir.

Si la loi a une action sur les mœurs, on peut dire que la morale en a une bien autrement efficace ! Mais l'efficacité de la morale tient à ce qu'elle procède de la liberté et non de la contrainte. Lorsque l'on veut conséquemment donner à la morale une action légale, on l'affaiblit au lieu de la fortifier. Combien d'exemples ne pourrions-nous pas citer, l'histoire à la main, pour démontrer, s'il était besoin, la justesse de ce que nous avançons?

La plus haute majesté à laquelle puisse atteindre la loi, ce n'est pas d'être morale, car elle usurperait les fonctions de la morale au détriment de la liberté; c'est simplement d'être *en accord* avec la morale.

Nous repoussons donc, avec la dernière énergie, l'*obligation* d'instruction par la *contrainte légale*, sans renoncer à favoriser son développement par tous les moyens que comporte le droit individuel et le droit du père de famille. Nous y reviendrons, mais avant nous dirons quelques mots de la gratuité, qui est également demandée.

IV

Assurément la commune, du moment où il s'agit de favoriser l'accomplissement d'une obligation morale par le père de famille, peut et doit l'y aider, d'autant plus que l'intérêt social qu'elle représente se trouve de ce côté complétement d'accord avec l'obligation morale du père de famille ; aussi, est-il désirable que la loi prescrive l'*obligation absolue* pour les communes de payer pour tous les enfants dont la situation des parents ne comporte pas cette charge ; mais pourquoi payer pour ceux qui n'en ont pas besoin ? C'est encore un des effets de cette tendance funeste d'*égalité* matérielle dont le moyen ne peut être que le despotisme.

V.

Enfin, et ceux-là sont encore trop nombreux qui concluent, non-seulement à l'instruction primaire gratuite, obligatoire, mais vont jusqu'au bout dans leur système de négation absolue de la liberté, du droit, en demandant que l'instruction soit donnée par des laïques.

On se demande vraiment à quel degré sont arrivées les passions de coterie, pour faire un tel mépris de la raison, du bon sens et de la liberté ?

Ainsi, on entend, non-seulement faire échec à l'autorité du père de famille, mais encore on prétend lui imposer l'instituteur auquel il devra envoyer son enfant, et, sans doute, pour être logique, on lui refusera le droit de lui donner, lui-même, l'instruction élémentaire.

Dans ces conditions nouvelles, le maître

d'école devra, sans doute, s'en tenir à des généralités sur la morale et la religion, c'est-à-dire que l'on traitera les écoliers comme s'ils savaient, comme s'ils avaient le discernement suffisant, en un mot, comme des hommes et non comme des enfants.

Ceux qui réclament du législateur cette mesure s'appuient sur l'exemple donné par la Prusse, l'Autriche, etc., où l'obligation de l'instruction primaire est réglée par la loi ; mais ils oublient que ce sont-là des gouvernements autoritaires et que, d'un autre côté, au lieu de proscrire les préceptes moraux et religieux de l'école, ils y sont impérieusement commandés et y tiennent une large place : l'obligation ne tourne pas contre l'autorité paternelle, comme le voudraient, non pas tous, mais beaucoup de ceux qui réclament l'obligation légale.

Pour ceux qui ont le plus conscience de la valeur de cette étrange mesure, ils espèrent qu'elle servira puissamment à faire triompher les incroyables doctrines qu'ils professent de la suprématie de l'état social et du nombre sur les droits individuels, de la famille, qui, à l'école, viendront prendre la place des notions morales et religieuses appelées à compléter l'éducation de l'enfant.

Quant à nous et à tous ceux qui, par leur nombre, forment la majorité dans le pays, qui n'avons pas besoin de faire parade d'un faux zèle pour le bien public, nous voulons, au moins autant que ceux-là, la diffusion de l'instruction, mais nous la voulons, avant tout, conforme à la liberté, et surtout par des procédés que la liberté et le droit sanctionnent ; nous la voulons, non pour enrégimenter, politiquement, des masses inconscientes ; mais, au contraire, pour former des populations conscientes, estimant la dignité humaine, la liberté et le droit plus que tous les biens matériels ; nous voulons, avant tout, par la liberté, éviter les deux extrêmes.

Les ministres de la religion ont fait, en l'exagérant, d'une doctrine morale et de liberté, une doctrine d'obéissance passive et de despotisme.

Les révolutionnaires, à leur tour, voudraient transformer en un système de despotisme et d'abaissement du citoyen, la liberté et le droit, auxquels ils ont, pourtant, rendu quelques services.

C'est au Pays, par sa sagesse, de déjouer tous les calculs intéressés des partis : qu'il prenne pour règle de ses manifestations le bon sens, la raison, la liberté et le droit, et, surtout le devoir, et, dans cette voie, il préparera des populations saines et viriles qui voudront savoir et apprendre, parce que c'est le seul moyen de croire, d'affirmer rationnellement ; des populations qui acquerront des convictions sérieuses parce qu'elles auront des croyances.

Au lieu de cette agitation révolutionnaire stérile, nous aurons le mouvement, un mouvement fructueux parce qu'il reposera sur un ordre moral rationnel et rendra facile l'ordre matériel ; mais il ne faut pas perdre de vue que chez les peuples libres, tout doit être inspiré par la liberté, et, conséquemment, il faut demander à l'émulation, à la concurrence, qui sont des effets de la liberté, des moyens d'action, au lieu de recourir à la contrainte.

Nous souhaiterions, par exemple, pour stimuler l'instruction, non-seulement primaire, mais à tous les dégrés, que l'Etat distribuât, chaque année, des récompenses morales et même matérielles, et que l'on mît à l'ordre du Pays la Commune qui, dans chaque département, par le zèle des citoyens, des autorités, aurait le moins d'illettrés.

Le Département pourrait distribuer également les mêmes récompenses pour la Commune de chaque Canton qui se trouverait dans ces conditions.

Enfin, si l'on veut une contrainte légale autorisée par le droit, on pourrait priver, à l'expiration d'une période déterminée, du droit de vote tout citoyen qui ne saurait ni lire ni écrire et le retenir au service militaire tant qu'il n'aurait pas appris.

Et si l'on ajoute à ces moyens moraux et de contrainte en accord avec le droit, *la gratuité*, et, au besoin, *les facilités* en rapport avec les circonstances, pour ceux qui ne pourraient pas payer, on obtiendra, assurément sous tous les rapports, des résultats pratiques bien plus satisfaisants que ceux que l'on peut réaliser avec la contrainte légale.

Avec un ensemble de moyens légitimes et conformes au droit, il ne pourra y avoir que quelques individualités, sans grande valeur, qui se seront soustraits, volontairement, à recevoir les notions primaires d'instruction : faut-il, pour ces rares individualités, si peu soucieuses de leurs devoirs, de leur élévation morale, de leur dignité, entraver un droit primordial comme celui du père de famille, fausser les principes républicains et créer, dans la société, un nouvel élément de trouble moral ?...

CHAPITRE V

CONCLUSION

I

Par cette étude sommaire que nous compléterons de notre mieux, au jour le jour, autant que les nécessités qui nous dominent le permettront, nous avons eu pour but, avant tout, de faire ressortir la nécessité absolue de faire reposer l'ordre matériel sur l'ordre moral, lequel, à son tour, ne saurait s'appuyer que sur la raison et la justice.

L'ordre politique ne saurait s'établir sérieusement en négligeant l'application de ce principe ; c'est pourquoi nous pouvons prévoir et affirmer que la République ne peut être fondée qu'en hiérarchisant le suffrage universel, en conformité des droits qu'il doit avoir pour but de faire prévaloir et protéger.

Le suffrage universel, avec sa pratique actuelle, repose sur la négation de la hiérarchie sociale qu'il doit avoir pour but d'affermir ; en d'autres termes, c'est une négation qui doit produire une affirmation. Rien n'est-il plus contraire à la raison, à la logique, à la justice et contraire aux vraies idées républicaines ?

Sans moyens pondérateurs, le suffrage universel ne peut être qu'un instrument de révolution et de communisme et, finalement, de despotisme et de décadence. Il offre aujourd'hui la même discordance avec l'Etat social que celle qui naîtrait chez le laboureur semant de l'ivraie pour récolter du froment. Le point capital de la situation, la mesure la plus pressante est donc de lui donner une organisation qui réponde aux nécessités de la hiérarchie sociale, de celle qui s'établit par le droit, la liberté, le savoir ou le mérite.

II

Les institutions républicaines ne sauraient, sans produire l'anarchie, être soustraites au principe que nous avons posé ; et si, ce qu'à Dieu ne plaise, même dans un but louable, elles pouvaient s'appuyer sur l'aphorisme que : « *la fin justifie les moyens,* » elles produiraient des effets infiniment plus détestables que la religion que l'on tendait à déshonorer en la faisant couvrir de son autorité une proposition aussi injustifiable.

Ces Institutions, précisément à raison de leur origine, ne peuvent s'écarter des principes rationnels sans tourner à la tyrannie, et le premier effet d'anarchie qu'elles produisent lorsqu'elles ne sont pas conforme à ces principes, c'est de déconsidérer l'Autorité chargée de les faire respecter et lui enlever la puissance morale qui lui est indispensable.

Nous pouvons affirmer, péremptoirement,

sans craindre un démenti raisonné, que c'est uniquement dans cette voie que le Pays peut trouver sa grandeur morale et le développement le plus sérieux, le plus général de sa prospérité matérielle.

Mais, si au lieu de cette direction, voulue par la raison, conseillée par la sagesse, obligatoire pour le légitime affermissement des idées morales, comme pour assurer le nécessaire et le bien-être possible à tous, le Pays se laisse dominer, entraîner par les partis qui le divisent et surtout par les chefs de ces partis qui tendent à perpétuer les divisions au lieu d'en démontrer les dangers, si, disons-nous, le Pays préfère des discours sonores à des actes sensés, raisonnables, s'il préfère le développement des passions qui nous compromettent déjà au lieu d'en régler les effets, il prouverait qu'il n'est ni préparé, ni digne d'institutions vraiment républicaines.

III

Les rhéteurs, les brouillons — nous ne voulons pas parler des malintentionnés qui les suivent toujours — qui prétendent faire table rase de la société ou la réformer hâtivement, sont ceux dont le pays a le plus à se défendre, car ce sont eux qui le compromettent en criant plus fort que c'est eux seuls qui peuvent le servir. Courtisans de la force brutale, ils ignorent les idées morales avec lesquelles les Nations se fondent et grandissent, et leur ignorance est telle qu'ils croient être les seuls qui connaissent les lois du progrès ; au Pays de se prononcer, s'il veut confier sa fortune à des utopistes et des ambitieux, ou à ceux qui, sans être aussi dangereux, attendent de sa lassitude et de l'accumulation des fautes, des extravagances des premiers, pour, dans un intérêt particulier, ramener notre Nation fatiguée des agitations stériles, à des institutions condamnées et qu'elle a si souvent déjà repoussées.

Notre pauvre France, prête d'arriver au port, se laissera-t-elle échouer sur le rivage ? Va-t-elle devenir un objet de risée ou de pitié de la part des peuples ? Où, va-t-elle leur apprendre, à force de sagesse et de bons exemples, la voie qu'il faut suivre pour qu'ils y arrivent à leur tour ?

IV

Et vous, qui êtes populaires et tenez à la popularité, employez vos facultés, votre ardeur, non à déchaîner des passions, mais à les diriger ; et vous qui, si longtemps avez été chargés des destinées du pays, dans la lice ouverte, usez des ressources nombreuses dont vous jouissez, pour le servir et le grandir, vous vaincrez ainsi bien des défiances : le succès répondra, nous en sommes convaincus, à vos efforts.

Le champ d'activité, pour les uns et les autres, est infini, car, après la Constitution, il faudra remettre en harmonie avec elle, par de sages et rationnelles institutions, tout notre système politique, administratif, civil, économique, et enfin, à la faveur de la stabilité dans l'ordre, les idées et les sentiments moraux ne pourront que se développer et se fortifier.

N'est-ce pas là une tâche patriotique digne de passionner les meilleurs esprits ?

www.ingramcontent.com/pod-product-compliance
Lightning Source LLC
Chambersburg PA
CBHW070308100426
42743CB00011B/2403